Couverture inférieure manquante

Début d'une série de documents en couleur

RAPPORT

SUR LE

CONCOURS OUVERT EN 1867

PAR LA SOCIÉTÉ DE STATISTIQUE, SCIENCES ET ARTS
DES DEUX-SÈVRES,

PAR M. LOUIS DUVAL

ANCIEN BIBLIOTHÉCAIRE DE LA VILLE DE NIORT,
ARCHIVISTE DU DÉPARTEMENT DE LA CREUSE,
RAPPORTEUR DE LA COMMISSION

Extrait des mémoires de la Société de Statistique, Sciences et Arts
des Deux-Sèvres.

NIORT
L. CLOUZOT, LIBRAIRE-ÉDITEUR
22 Rue des Halles, 22
1869

Fin d'une série de documents
en couleur

RAPPORT

SUR LE

CONCOURS DE 1867

SAINT-MAIXENT, TYP. CH. REVERSÉ.

RAPPORT

SUR LE

CONCOURS OUVERT EN 1867

PAR LA SOCIÉTÉ DE STATISTIQUE, SCIENCES ET ARTS
DES DEUX-SÈVRES,

PAR M. LOUIS DUVAL

ANCIEN BIBLIOTHÉCAIRE DE LA VILLE DE NIORT,
ARCHIVISTE DU DÉPARTEMENT DE LA CREUSE,
RAPPORTEUR DE LA COMMISSION

Extrait des mémoires de la Société de Statistique, Sciences et Arts
des Deux-Sèvres.

NIORT
L. CLOUZOT, LIBRAIRE-ÉDITEUR
22, Rue des Halles, 22
1869

En ouvrant pour la seconde fois un Concours dont les prix doivent être décernés dans une réunion qui emprunte un éclat inaccoutumé de la présence des magistrats et des premiers fonctionnaires du département et de la cité, la Société de Statistique, Sciences et Arts des Deux-Sèvres s'est proposé d'offrir un but élevé à ce besoin d'activité intellectuelle qui depuis quelques années s'est réveillé dans la province et de stimuler ce mouvement de renaissance dans la mesure de ses moyens. Son appel a été de nouveau entendu : six manuscrits avaient été présentés au précédent Concours et, grâce à l'analyse impartiale et délicate du rapporteur de la commission nommée pour les examiner, vous avez pu en apprécier la valeur. Si, pour le Concours de 1867, il n'a été adressé que le même nombre de Mémoires, la commission n'a pas hésité à reconnaître que, comme importance et comme intérêt, ils paraissent de beaucoup supérieurs aux Mémoires présentés au Concours de 1865. Ce progrès dont la Société a droit d'être fière, a rendu la tâche de la commission plus laborieuse et l'a forcée à ajourner l'époque où elle devait faire connaître les résultats de son examen. C'est également un devoir pour la commission d'exprimer ici le regret qu'elle éprouve de n'avoir pu augmenter l'importance des récompenses dont elle dispose, en raison du mérite plus grand des Mémoires qui lui ont été présentés. Toutefois, si certains travaux qui, dans ce Concours, ne sont placés qu'au second ou au troisième rang, eussent pu, dans un Concours moins important, prétendre aux premières récompenses, leurs auteurs ne recevront-ils pas de cette déclaration même, un honneur que des couronnes toutes seules ne sauraient donner ?

Parmi les manuscrits soumis à la commission, le plus court, et aussi le moins important, est celui qui a été inscrit sous le n° 5. Il est intitulé : *Vie de Jacques Bujault* et porte cette épigraphe :

« L'homme a le génie de la création ; il aime à faire et
« se plait dans ce qu'il a fait. Cette passion repose au fond
« de son cœur. »

Le Laboureur de Chaloüe, de même que le Vigneron de la Chavonnière, auquel on a pu le comparer pour l'originalité inimitable de son style, n'est pas une de ces figures dont il soit possible de faire le portrait sans une étude approfondie : aussi le travail dont nous parlons n'est-il, à vrai dire, qu'une esquisse légère. Ce n'est pas qu'il ne renferme certains détails assez piquants, par exemple, deux lettres inédites de J. Bujault qui vaudraient la peine d'être publiées. N'ayant point eu la prétention de faire une étude complète, mais de donner à la Société une marque de déférence en lui faisant hommage du fruit de ses loisirs studieux, l'auteur a droit néanmoins à ses remercîments et la commission est heureuse de lui offrir le témoignage public de la sympathie avec laquelle tout travailleur sérieux est sûr d'être accueilli parmi nous.

Le manuscrit inscrit sous le n° 6, intitulé : *Recherches historiques et archéologiques sur Thouars*, porte cette épigraphe :

« Labore et patientiâ. »

Cette devise peut servir heureusement à caractériser ce Mémoire, œuvre de patience et d'érudition, à laquelle il est juste de rendre hommage et la commission en exprimant cette pensée remplit la partie la plus douce de sa tâche. Elle a constaté, en effet, avec regret que ce Mémoire ne satisfaisait pas aux conditions du concours, car il renferme la reproduction avec peu de changements, de l'excellente *Notice sur les vicomtes de Thouars*, publiée en 1865. Cette circonstance l'a fait écarter du concours, mais elle n'empêche pas la commission d'applaudir à la pensée patriotique qui a inspiré l'auteur et de reconnaître que bien des villes seraient fières de posséder des annales aussi complètes que les *Recherches historiques et archéologiques sur Thouars*, dont la publication, nous n'en doutons pas, serait accueillie avec plaisir par tous les amis de l'histoire locale. Ce travail se recommande surtout par les documents nouveaux que l'auteur a mis en œuvre. La publication de M. Marchegay et le *Cartulaire de Saint-Jouin-de-Marnes* lui en ont fourni un grand nombre, mais il a su en découvrir un plus grand encore dans l'ancien chartrier de Thouars, dans la collection de dom Fonteneau, à la bibliothèque impériale et dans divers dépôts publics, entr'autres à la bibliothèque de Niort. C'est à l'aide de ces recherches que l'auteur est parvenu à dresser une liste complète des abbesses de Saint-Jean-de-Thouars et des abbés de Chambon, travail dont les auteurs du *Gallia christiana* ont négligé de s'acquitter avec l'exactitude qu'on était en droit d'attendre des Bénédictins.

Un des plus curieux documents que l'auteur ait insérés dans son Mémoire est l'autorisation accordée par Louis XI à l'abbé de Saint-Laon-de-Thouars, de faire transférer les restes de Marguerite d'Écosse dans la chapelle du Saint-Sépulcre qu'elle avait fait construire dans l'abbaye : on peut citer encore la Liste des hommages rendus en 1470 à Nicolas d'Anjou, remplissant les fonctions de vicomte de Thouars pour le roi de France qui s'était fait céder la vicomté par Louis d'Amboise, la Nomenclature du ressort de la vicomté au XVIIIe siècle et les extraits des Inventaires du mobilier du château dressés en 1672 et en 1790.

Il est à regretter que l'auteur n'ait pas donné l'analyse sommaire d'un document qu'il mentionne et qui est fait pour jeter un grand jour sur l'état du pays au milieu du XVe siècle, je veux dire les *Grands jours de Thouars*, tenus en 1455. La publication de ce registre conservé aux archives de l'Empire avec le registre des *Grands jours de Poitiers*, tenus l'année précédente, offrirait le plus grand intérêt et nous nous associons pleinement au vœu que l'auteur émet à ce sujet et que plus qu'un autre il serait capable d'accomplir.

La commission, bien qu'ayant écarté ce Mémoire du concours, croit devoir proposer à la Société de décerner à son auteur une mention honorable.

Le Mémoire inscrit sous le n° 2 est intitulé : *Essai sur la vie de Gauthier de Bruges*, et porte pour épigraphe :

« Ego sum pastor bonus. »

Parmi les notices qui ont été consacrées à l'illustre évêque de Poitiers, dont ce Mémoire contient la biographie, le *Panégyrique de saint Gauthier*, composé au commencement du xvii° siècle par un religieux anonyme et conservé en manuscrit à la bibliothèque de Poitiers a été fréquemment cité par l'auteur de ce Mémoire. Il semble que le temps ait manqué à l'auteur pour mettre la dernière main à son œuvre ; la commission, en effet, en constatant l'étendue et l'intérêt de ses recherches n'a pas pensé que la forme répondît toujours à la valeur du fonds. Ces emprunts à l'écrivain pieux, mais légèrement monotone qu'il a pris pour guide, contribuent à rendre plus sensible ce défaut de relief et d'animation qu'on remarque dans le récit d'une vie aussi agitée. En présence de Mémoires qui, au contraire, se distinguent par le mérite de la mise en œuvre, la commission s'est montrée plus sévère pour celui-ci et cette considération a servi de base à son jugement.

Il est assurément peu de biographies qui puissent offrir plus d'intérêt et mériter davantage l'attention de l'historien que celle de Gauthier de Bruges. Flamand d'origine et né dans une condition obscure ; nourri de l'esprit des Franciscains plus propre à développer les tendances au mysticisme qu'à enseigner le tact et la mesure qui conviennent à la conduite des affaires humaines ; élevé ensuite par son seul mérite à l'un des siéges les plus importants de l'église de France, Gauthier de

Bruges semblait destiné à venir se heurter contre l'élément nouveau représenté par les légistes qu'on vit sous Philippe-le-Bel faire invasion, entre la féodalité et l'église, dans la société du moyen-âge.

Ce fut vers 1270, à l'âge de quarante ans, que Gauthier de Bruges fut envoyé en Poitou par le chef de son ordre, saint Bonaventure et mis à la tête du couvent des Frères-Mineurs de Poitiers. Peu de temps après, il fut élu provincial de la province de Touraine, regardée comme la seconde dignité de tout l'ordre. L'évêque de Poitiers, Hugues de Châteauroux, étant mort en 1271, son siège resta vacant pendant huit ans par suite de la division des chanoines en deux cabales également puissantes, dont l'une prétendait faire nommer le doyen, l'autre le chevecier du chapitre. Pour faire cesser cette anarchie, le chef de l'Eglise dut intervenir et nommer lui-même à l'évêché de Poitiers le provincial de Touraine qu'il avait appelé en Italie pour travailler sous sa direction à la rédaction d'une bulle destinée à faire cesser les dissentiments qui s'étaient élevés entre les disciples de saint François. Cette nomination ayant été approuvée par le roi de France, Philippe-le-Hardi, Gauthier de Bruges fut sacré évêque par le pape et vint quelque temps après prendre possession de son évêché. Pendant la longue vacance de ce siège, les abus s'étaient multipliés et la discipline ecclésiastique s'était grandement relâchée; le premier soin du nouvel évêque dut donc être de réunir un synode suivi, quatre années après, d'une seconde assemblée du clergé de son diocèse, dans laquelle il promulgua des règlements sur la discipline et la juridiction ecclésiastiques qui subissaient chaque jour de nouveaux empiétements de la part des juges laïques. Dans cette œuvre de réforme, l'évêque qui, dans son palais épiscopal, avait conservé la simplicité du cloître, se vit malheureusement entravé plus d'une fois par les démêlés que lui suscitèrent les chanoines de sa cathédrale, parmi lesquels il rencontra des adversaires décidés.

Gauthier de Bruges ne se montrait pas moins zélé à visiter les églises de son immense diocèse qui alors comprenait Luçon et Maillezais, érigés plus tard en évêchés. « Monté sur une petite
« mule, dit l'auteur du Mémoire, et suivi seulement de deux

« chapelains et de deux valets, il en parcourait en tous sens la
« vaste étendue. Il est triste de le dire, ajoute-t-il, mais il ne
« recueillit pas toujours les fruits que l'exemple de sa vie et
« l'impression de ses pieux discours devaient produire dans
« l'âme de son clergé et de ses diocésains. » C'est ainsi qu'à
Vihiers, où il entreprit de prêcher, il se vit accueilli par les
injures les plus grossières et fut obligé de s'enfuir de peur
d'être lapidé par la populace.

Au milieu des soins du ministère pastoral, Gauthier de Bruges, loin de négliger les intérêts temporels de son évêché et le soin du maintien de sa juridiction ecclésiastique, avait, dès l'époque de son installation, adressé au roi des plaintes à ce sujet. Il réclamait en premier lieu l'hommage de la châtellenie de Sivrai, prétendant de plus que la saisine du ressort de cette châtellenie appartenait à l'archevêque de Bordeaux ; en second lieu, il se plaignait de ce que les excommuniés ne fussent pas punis selon les lois ; enfin il articulait certains griefs dont le détail ne nous est point connu et qui probablement se référaient à la question délicate des juridictions ecclésiastiques. Le parlement fit droit à cette requête, déclarant seulement que la saisine du ressort de Sivrai appartenait au roi et non à l'archevêque ; quant aux articles particuliers, l'arrêt ne se prononçait pas d'une façon précise. Ordre fut donné en même temps à l'évêque de cesser de s'opposer à la levée du droit de passage que le roi avait concédé à la ville de Poitiers. Si ces plaintes étaient fondées, il n'en est pas moins facile de remarquer déjà chez Gauthier de Bruges une certaine âpreté de caractère qui ne fit que s'aigrir par l'opposition et une roideur monacale qui furent sans doute pour quelque chose dans les persécutions dont il fut plus tard la victime. L'année suivante (1281), tous les évêques de la province de Bordeaux dont le siége archiépiscopal était alors vacant, se réunirent, vraisemblablement à son instigation, pour formuler des plaintes générales. A la lettre collective des évêques, Gauthier de Bruges en joignit une particulière dans laquelle il dénonçait au roi les entreprises injustes de ses officiers et particulièrement les vexations qu'ils commettaient contre l'abbaye de Quinçay, et réclamait une seconde fois l'hommage de la châtellenie de Sivrai qui ne lui avait pas encore été rendu. Ces deux lettres sont du plus grand intérêt pour l'histoire : elles font connaître avec exactitude la position de l'épiscopat vis-à-vis de la papauté et le terrain sur lequel les légistes devaient engager une lutte qui n'a été terminée que par la révolution française.

La question de l'hommage de la châtellenie de Sivrai que Gauthier de Bruges ne cessait de réclamer, ne se termina qu'en 1287. Dans l'intervalle il avait fait un voyage à Rome qui sans doute ne fut pas étranger à ses différends avec la royauté.

Il nous serait difficile de suivre l'auteur de ce Mémoire dans le détail des procès que Gauthier de Bruges eut à soutenir et dans lesquels il n'eut pas toujours l'avantage. Entre un évêque disposé à ne rien céder de ses droits et les agents du pouvoir non moins ardents à soutenir les prérogatives de la couronne, la lutte devait être longue et acharnée. Trois fois la châtellenie d'Angle donna lieu à des procès qui ne firent qu'augmenter le nombre des ennemis de l'évêque. Sommé de comparaître devant la cour du roi, Gauthier de Bruges qui ne se croyait pas justiciable de la juridiction civile, refusa de se présenter personnellement, alléguant son état de maladie ; il se décida pourtant enfin à s'y rendre, mais, avant son arrivée, il fut condamné par défaut, et sa châtellenie d'Angle fut confisquée. L'évêque en appela à la cour de Rome et Nicolas IV dut envoyer son légat Benoît Caïétan, devenu plus tard le pape Boniface VIII, pour le faire réintégrer dans la possession de cette châtellenie. Les ennemis de l'évêque lui suscitèrent alors de nouvelles difficultés ; Nicolas IV écrivit directement à Philippe-le-Bel pour l'exhorter à traiter avec plus de douceur les ecclésiastiques et pour lui remontrer les injustices des attaques dirigées contre l'évêque de Poitiers. On comprend que les proportions que prenaient ces affaires aient profondément irrité Philippe-le-Bel contre le prélat. Aussi, l'année suivante, en 1290, Gauthier fut-il exilé à Bruges et les biens de l'évêché de Poitiers mis sous le sequestre. Il ne paraît avoir été rappelé dans son diocèse que près de deux ans après et ce fut pour soutenir de nouvelles luttes. Autorisé à se servir des armes spirituelles pour sa défense, il voulut en faire usage contre Guy de Chaveron, commandeur de Plaincourant, dépendant de l'ordre de Saint-Jean de Jérusalen. Le commandeur en appela à l'archevêque de Bordeaux et Gauthier fut cité à comparaître devant la cour de son métropolitain qui leva l'interdit. L'évêque de Poitiers en ayant appelé à son tour à la cour de Rome, Boniface VIII qui occupait alors le siége pontifical prit ouvertement sa défense. Il n'est pas difficile de deviner que cette intervention de l'adversaire déclaré de Philippe-le-Bel ait été fatale à l'évêque de Poitiers. Sur ces entrefaites, le temporel de l'évêché avait été de nouveau saisi et l'évêque forcé de se retirer à Rome. Peu de temps après son retour à Poitiers, en 1302, Gauthier de Bruges fut de nouveau exilé par Philippe-le-Bel et relégué dans l'île de Noirmoutiers. Le désir d'opérer avec le Saint-Siége une réconciliation que la mort de Boniface VIII rendait possible, força Philippe-le-Bel à désavouer les violences dont l'évêque de Poitiers avait été l'objet et à le rappeler dans son palais épiscopal. Il semble que cet infatigable vieillard rendu à l'administration de son diocèse, ait dû au moins goûter durant ses dernières années le calme dont il avait si peu joui durant sa longue carrière. Il n'en fut rien cependant : une nouvelle contestation qu'il eut avec l'archevêque de Bordeaux, Henri de Genèves, au sujet du droit de patronage eut une issue favorable ; la seconde affaire à laquelle très-indirectement il se trouva mêlé, eut pour lui par la suite les conséquences les plus graves. Les archevêques de Bordeaux et de Bourges se disputaient, comme on sait, le titre de primat d'Aquitaine, Gauthier de Bruges qui déjà avait hautement accusé ses préférences pour ce dernier, fut chargé par lui de faire défense en son nom à Bertrand de Goth, archevêque de Bordeaux, de prendre un titre qui ne lui appartenait pas et, en cas de refus, de fulminer contre lui l'excommunication. Gauthier de Bruges qui n'avait pas coutume de reculer devant les difficultés, accepta, sans hésiter, cette hardie mission. Bertrand de Goth se soumit, « mais tout porte à croire, dit avec raison l'auteur du Mémoire, que ce ne fut pas sans garder un amer souvenir de l'humiliation que lui avait fait subir son suffragant.

Sa conduite une fois qu'il eut ceint la tiare le prouve surabondamment.» A peine en effet fut-il monté sur le trône pontifical où il prit le nom tristement célèbre de Clément V, qu'il s'empressa de déposer de son siége l'évêque de Poitiers, trouvant ainsi moyen de satisfaire à la fois sa vengeance personnelle et de complaire à Philippe-le-Bel. Gauthier fut contraint de se retirer à l'âge de 74 ans dans le couvent des Frères Mineurs où il mourut, peu de mois après sa déposition. Quelques heures avant sa mort, il se fit, dit-on, apporter du parchemin et de l'encre, écrivit son appel devant Dieu du pape mal informé au pape mieux informé, commandant aux Frères de mettre cet acte dans sa main quand on l'ensevelirait. Il mourut le 21 janvier 1306 et son corps fut inhumé, de nuit, dans une fosse de huit pieds de profondeur, devant l'autel principal du couvent, revêtu de ses ornements et l'anneau pontifical au doigt. La sympathie du peuple qui ne paraît pas l'avoir jamais abandonné dans ses démêlés avec un roi aussi peu aimé que Philippe-le-Bel, se réveilla plus vive à la mort de sa victime. Les bourgeois de Poitiers, le maire, les échevins et les magistrats se cotisèrent pour élever un monument sur sa tombe. Le bruit se répandit même que des miracles s'opéraient par son intercession : de toutes parts les fidèles affluaient autour de son tombeau et bientôt le nom de saint lui fut décerné par la foi populaire. On rapporte que lorsqu'il vint à Poitiers, en 1306, le pape Clément V qui avait appris que Gauthier de Bruges s'était fait enterrer avec son acte d'appel à la main fit procéder en sa présence à l'ouverture de sa tombe. Nous possédons une relation curieuse d'un chanoine de Loudun, qui, sous la foi du serment, atteste avoir appris d'un écuyer du pape Clément V, présent à l'ouverture de la fosse, qu'au milieu de la nuit, *intempestæ noctis silentio*, un des archidiacres de Poitiers, sur l'ordre du pape, descendit dans le tombeau de Gauthier de Bruges et trouva entre les mains du mort l'acte d'appel qu'il n'en put retirer qu'après avoir pris l'engagement, avec l'assentiment du pape, de le remettre où il l'avait pris. Suivant le récit du chanoine, l'archidiacre aurait remis l'appel dans la main de Clément V, mais n'aurait pu sortir de la fosse qu'après que le pape en ayant pris lecture, le lui eût rendu. Si les détails merveilleux de cette anecdote peuvent inspirer quelques doutes, il n'en est pas moins certain que le pape Clément V paraît avoir éprouvé quelques remords de la violence qu'il avait exercée contre l'évêque de Poitiers et nous trouvons dans ce récit légendaire la trace de l'impression profonde que ces événements ont dû laisser dans l'imagination des contemporains.

Gauthier de Bruges ne mérite pas seulement l'attention à cause du rôle important qu'il a joué et de la catastrophe qui a terminé sa carrière, c'est à lui que l'on doit le document géographique le plus précieux que l'on puisse consulter sur les différentes localités du Poitou, je veux parler du manuscrit connu sous le nom de *Grand Gauthier*, renfermant : 1° L'Inventaire des archives de l'évêché ; 2° le Pouillé du diocèse ; 3° la Liste des évêques. Une excellente notice de M. Rédet a fait connaître ce document dont la partie géographique, le Pouillé, doit être prochainement publiée.

Cette analyse rapide est loin de donner une idée suffisante de l'étendue des recherches, du soin minutieux des détails et de la méthode rigoureuse que l'auteur a dû s'imposer pour la composition de ce Mémoire. Une chronologie des principaux événements de la vie de Gauthier de Bruges et une table des nombreux documents tant manuscrits qu'imprimés qu'il a consultés sont placés en tête du mémoire et rendent faciles les recherches critiques et les vérifications. L'étendue des pièces justificatives qui l'accompagnent n'est pas moins digne d'éloges. On peut citer entre autres, la notice sur les ouvrages de Gauthier de Bruges, la lettre collective des évêques de la province de Bordeaux et celle de Gauthier de Bruges au roi de France, au sujet des entreprises des officiers royaux, le statut du chapitre de Poitiers, le réglement pour les visites des archidiacres et des archiprêtres, le testament de Gauthier de Bruges, enfin la très-longue enquête contenant le témoignage de sa sainteté dans laquelle on trouve une foule de détails curieux sur les mœurs et usages du moyen-âge.

Appréciant la valeur de ce mémoire que quelques retouches rendraient facilement excellent, la Commission exprime de nouveau le regret de ne pouvoir lui accorder d'autre récompense qu'une mention très-honorable.

Le Mémoire inscrit sous le numéro 3, intitulé : *Histoire d'Alphonse, frère de saint Louis et du comté de Poitou sous son administration*, porte pour épigraphe :

« Les hommes naissent libres, il est juste et sage de
« faire retourner les choses à leur origine. »
(*Paroles du comte* ALPHONSE DE POITIERS).

Un excellent travail sur l'administration d'Alphonse de Poitiers dans les provinces du midi, a été publié, au commencement de l'année dernière, par M. Edgard Boutaric, archiviste aux Archives de l'Empire. Il appartenait à la province qui fut donnée en apanage à ce prince remarquable de consacrer à sa mémoire une notice spéciale au point de vue poitevin. Le Mémoire soumis à la Commission paraît jeter un nouveau jour sur cette période durant laquelle s'opéra rapidement, grâce aux qualités personnelles du frère de saint Louis, l'assimilation complète de la province du Poitou au royaume de France.

On sait que les communes du Poitou après avoir hésité quelque temps entre la fidélité qu'elles devaient aux fils de la grande Aliénor d'Aquitaine et leur intérêt qui les poussait à se détacher d'un gouvernement aussi faible que celui de Jean-sans-Terre et de Henri III, impuissants à leur assurer une protection efficace contre une féodalité avide et turbulente, avaient fini par embrasser le parti du roi de France qui venait d'entrer en vainqueur dans le pays pour la troisième fois. Des documents récemment publiés par la Commission des Archives d'Angleterre font connaître en détail le rôle important que jouèrent alors les villes du Poitou et il m'est permis d'ajouter que c'est le secrétaire de la Société de Statistique qui le premier les a fait connaître en en publiant une traduction accompagnée d'un commentaire plein d'intérêt. C'est à la suite de cette soumission volontaire des bourgeois et des victoires remportées sur les barons, que le comté de Poitou fut donné en apanage au troisième fils du roi Louis VIII, Alphonse, qui, dès son enfance, porta le titre d'Alphonse de Poitiers, quoique ce comté dût être directement administré par le roi jusqu'à la majorité féodale du jeune prince. L'auteur raconte avec quelques détails les fêtes splendides qui eurent lieu à cette occasion, mais quelqu'intéressant que soit ce récit, peut-être eût-il été préférable d'emprunter simplement celui de notre excellent chroniqueur, le sire de Joinville, qui a pu se rendre à lui-même ce témoignage : « Et ce que j'en diray, c'est pour ce que je y estoie. »

En entrant en possession du comté de Poitou, Alphonse dut renouveler aux villes de Poitiers et de Niort (juin 1241), de La Rochelle et de Saint-Jean-d'Angély (juillet 1241), la confirmation de leurs droits de commune, les barons de leur côté furent obligés de prêter l'hommage qu'ils devaient à leur suzerain. On sait que pendant ce temps-là une ligue s'était formée contre lui, à la tête de laquelle étaient Hugues de la Marche, époux d'Isabelle de Lusignan, mère du jeune roi d'Angleterre, Henri III, qui ne pouvait renoncer à l'espoir de recouvrer les domaines de ses ancêtres et le comte de Toulouse, beau-père d'Alphonse. Une partie des barons poitevins, déjà impatients du joug français, s'étaient empressés d'entrer dans cette ligue ; toutefois la neutralité du vicomte de Thouars, et plus encore, la fidélité des communes, réussirent à tenir en échec les révoltés et donnèrent à saint Louis le temps de réunir à Chinon une armée grossie du contingent des seigneurs poitevins restés fidèles et d'entrer en campagne à la fin d'avril 1242, avant que le roi d'Angleterre ne fût encore débarqué en France. On connaît les détails de cette courte et brillante campagne. Montreuil-Bonnin fut pris d'assaut, Béruges capitula, la ville de Fontenay-le-Comte, qui appartenait à Geoffroy de Lusignan, ouvrit ses portes ainsi que le château de Vouvant, Frontenay-l'Abbatu résista et fut rasé, Prahecq, Saint-Gelais, Cherveux, domaines des Lusignan, furent emportés. Le roi d'Angleterre, enfin débarqué à Royan, attendait les Français sur la rive gauche de la Charente avec ses alliés. Louis IX poursuivant sa marche victorieuse arriva, le 21 juillet, sous les murs de Taillebourg. Le combat du pont de Taillebourg, qui eut lieu le lendemain, obligea Henri III à s'enfuir jusqu'à Saintes, où une nouvelle victoire du roi de France, remportée dans les faubourgs mêmes de la ville de Saintes, dont les bourgeois lui ouvrirent les portes, vint terminer cette campagne. Une paix glorieuse qui assura à Alphonse la possession du Poitou et de toute la Saintonge en fut la conséquence. Fontenay-le-Comte devenu sa propriété immédiate reçut un sénéchal du comte de Poitiers, et le chef-lieu de ses fiefs du Bas-Poitou y fut établi. Il paraît néanmoins que l'administration générale du Poitou et de la Saintonge était centralisée entre les mains d'un sénéchal qui réunissait les pouvoirs judiciaire, militaire et financier. Peu de modifications avaient été introduites dans l'administration du pays. Au-dessous du sénéchal, il y avait des prévôts résidant à Poitiers, Niort, Saint-Maixent, Loudun, Moncontour, Ternay, ainsi que nous l'apprend, dit l'auteur du Mémoire, une enquête contemporaine; venaient ensuite les baillis, beaucoup plus nombreux : ces officiers avaient sous leurs ordres des sergents en nombre plus ou moins grand. L'auteur ne dit pas s'il existait une distinction entre les fonctions des prévôts et celles des baillis. Cette distinction ressort évidemment de la présence simultanée de ces officiers dans plusieurs villes, telles que Niort, Saint-Maixent, etc. Il eût été utile de faire connaître avec précision en quoi consistaient leurs fonctions. Il n'est pas douteux que la justice n'ait été dans les attributions des baillis; quant aux prévôts, ils paraissent avoir été spécialement préposés à l'administration des droits et revenus du domaine. La collation de ces charges se faisait d'après un mode assez vicieux : elles étaient adjugées au plus offrant. Le comte Alphonse, après avoir confié l'administration du Poitou et de la Saintonge à son sénéchal Geoffroi de Rançon, s'empressa d'aller rejoindre son frère qu'il accompagna dans presque tous ses voyages. Malgré son éloignement habituel du Poitou, le prince ne laissait pas de s'occuper activement du gouvernement de cette province. « Sa volumineuse et curieuse correspondance, dit l'auteur du Mémoire, nous donne la preuve convaincante de sa grande sollicitude. D'ailleurs, il visitait parfois ses domaines, surveillant par lui-même la conduite de ses officiers, écoutant les doléances et se rendant compte du véritable état des esprits. Ainsi, en 1243, il vint à Poitiers où il signa une nouvelle confirmation de la commune de Niort.... En mars 1246, il recevait à Poitiers l'hommage de Raoul de Mauléon, pour ses fiefs de Talmond, Curzon, Olonne, Saint-Michel-en-Lherm, Châtelaillon, l'île de Ré. »

« Alphonse, continue l'auteur, cherchait à ramener, par la douceur et les bons procédés, tous ceux qui ayant participé à la révolte de 1242, avaient encouru des confiscations..... Cette conduite politique et conciliante ne pouvait manquer de produire les plus heureux fruits. »

« En 1248, le comte Alphonse reparut en Poitou. Au mois d'août, on le trouve à Niort, signant des lettres de sauvegarde en faveur de l'abbaye des Châtelliers. Des raisons de diverses natures avaient motivé son voyage. Toutefois, nous pensons que le comte avait surtout en vue une œuvre essentiellement réparatrice. Le roi saint Louis, dont le règne fut bien en vérité le règne de la justice, avait ordonné, avant de partir pour la croisade, une vaste enquête ayant pour but de rechercher et réparer les injustices de toutes sortes commises par les officiers royaux, non-seulement depuis son avénement, mais encore sous son prédécesseur. Admirable leçon donnée aux souverains de tous les temps et trop peu suivie, hélas ! par les successeurs de ce sage monarque ! Des commissaires armés de pleins pouvoirs parcoururent les domaines de la couronne, s'acquittant avec conscience de leur délicate mission. »

On a l'enquête faite en Poitou à cette occasion en 1247 ou 1248 : c'est un curieux monument, à l'édification duquel le comte Alphonse aura voulu sans doute travailler en encourageant par sa présence les victimes des exactions des officiers royaux à venir déposer sans crainte. Ce qui ressort clairement du contenu de cette pièce, c'est que les personnes de toutes conditions furent entendues sans distinction et leurs plaintes consignées avec scrupule et sans réserve. Les uns exposent les ravages exercés sur leurs terres lors du passage des armées dans les guerres de 1224 et 1242; les autres, les mauvais traitements subis sur d'injustes soupçons. L'un se plaint d'un emprisonnement arbitraire et immérité; l'autre, de la saisie de ses biens opérée sans motifs ; celui-ci n'a pas reçu le salaire de son travail ; celui-là a été contraint de payer une amende injuste ou exagérée. La plupart réclament la restitution de sommes plus ou moins fortes extorquées par violence, intimidation ou abus de pouvoir. Toutes ces plaintes recueillies successivement à Châtellerault, Saint-Maixent, La Rochelle, Loudun, Poitiers, étaient dirigées contre plusieurs baillis, sénéchaux, prévôts, sergents nominativement désignés, et d'une manière plus particulière contre Geoffroy Mauclerc, bailli d'Aunis, et Jean de Galardon, l'aîné, naguère prévôt de Poitiers. Elles se référaient à des actes antérieurs à l'année 1243, n'attaquant par conséquent en rien l'administration d'Alphonse. Il ne suffisait pas de constater le mal, il fallait le réparer ; aussi tous ceux ayant souffert un dommage quelconque furent-ils indemnisés. On sent facilement tout ce qu'une pareille mesure eut de puissance pour rattacher les populations à la royauté capétienne. Alphonse n'eut plus qu'à marcher sur les traces de son frère, à surveiller activement la gestion de ses officiers, prévenant ainsi le retour des faits signalés dans l'enquête, et l'union du Poitou à la couronne fut à jamais assurée.

Un document aussi intéressant que cette enquête mériterait certainement d'être publié et il serait grandement à désirer qu'une des sociétés savantes du Poitou prît cette œuvre sous son patronage. On comprend que l'auteur de la notice sur Alphonse de Poitiers ait reculé devant l'idée de donner *in extenso* une copie de ce document, comme pièce justificative de son Mémoire, mais on doit lui savoir gré de l'avoir signalé à l'attention des Poitevins.

Si l'enquête de 1248 est un acte digne de toute notre admiration, on n'en saurait dire autant de l'expulsion des juifs du Poitou, ordonnée par le comte l'année suivante. Quoique cette proscription ait dû être regardée à cette époque comme un acte méritoire, l'historien ne saurait en rappeler le souvenir sans manifester sa réprobation. On doit regretter que l'auteur ait semblé vouloir justifier un pareil fait en alléguant la haine universelle que les juifs s'étaient attirée par leurs usures. Quant à nous, nous regardons cette ordonnance comme d'autant plus odieuse qu'au fond elle paraît n'avoir été autre chose qu'un prétexte pour la levée d'un impôt destiné à remplir le trésor du prince qui se disposait à rejoindre son frère en Égypte. L'expulsion des juifs fut en effet l'occasion de la levée d'un subside de quatre sols par feu dans les villes de Poitiers, de Niort, de La Rochelle, de Saint-Jean-d'Angély et de Saintes. Il y aurait certainement beaucoup à dire sur le dommage que cette proscription dut causer au commerce dont les juifs étaient les principaux agents. On sait qu'à Niort, par exemple, ils étaient assez nombreux pour posséder une école ou synagogue, et c'est sans doute à eux que cette ville a dû l'importance de son commerce à cette époque. « Tour à tour dépouillés, emprisonnés, puis tolérés à prix d'argent, dit l'auteur, les juifs du Poitou, au mois de décembre 1268, achetèrent une tranquillité provisoire au prix d'une taille de 8,000 livres tournois, qu'ils s'engagèrent à verser au profit du comte entre les mains du sénéchal. »

L'état des recettes du comte de Poitiers, dressé le 13 août 1249, par son chapelain, Philippe, trésorier de Saint-Hilaire de Poitiers, nous apprend que le comte avait alors en caisse 100,896 livres 8 sous 4 deniers, somme considérable, qui néanmoins ne devait pas suffire à couvrir les frais de la croisade entreprise par le prince. La convention qu'il conclut à Paris, le 24 juin 1249, avec Hugues Brun, comte d'Angoulême, pour l'engager à le servir durant toute la croisade avec douze chevaliers armés, n'est pas un document moins curieux. On voit par les clauses de cette convention, comme le remarque justement l'auteur, combien l'enthousiasme chevaleresque des premières croisades s'était refroidi et à quelles conditions onéreuses les chevaliers mettaient désormais leurs services. Au départ du prince pour la croisade, son chapelain Philippe, qui l'avait accompagné jusqu'à Aigues-Mortes, avait été investi de la gestion de ses revenus sous la surveillance de la reine Blanche et de deux autres conseillers. Philippe étant allé rejoindre la reine-mère à Pontoise, puis à Paris, fut chargé par elle, conjointement avec lui et Henri de Cherveux, de se rendre en Languedoc pour prendre possession, au nom du comte

Alphonse, de la succession de son beau-père Raymond, comte de Toulouse, mort le 27 septembre 1249 et recevoir les hommages des villes et des seigneurs du Languedoc. Le chapelain rendit compte au prince, dans une lettre extrêmement remarquable datée du 20 avril 1250, de la façon dont il s'était acquitté de cette difficile mission. Non-seulement il avait réussi à surmonter les obstacles suscités par l'antipathie qu'il rencontrait dans les populations méridionales contre la domination française, mais il était parvenu à conclure une trêve avec le comte de Leicester, gouverneur d'Aquitaine, qu'il avait même décidé à prendre la croix pour éloigner des frontières françaises un ennemi auquel il aurait été si facile de prendre sa revanche des défaites de Taillebourg et de Saintes (1). Instruit de ces graves événements, au moment où le roi de France à peine délivré de captivité mettait en délibération devant son conseil s'il fallait ramener en France les malheureux débris de l'armée, sauf à entreprendre plus tard une nouvelle expédition, ou poursuivre le voyage jusqu'à Jérusalem pour accomplir un vœu sacré, soutenir l'honneur du nom français et ranimer le courage des chrétiens d'Orient, le comte de Poitiers n'hésita pas à se prononcer pour un prompt retour en France. Cet avis était celui de la plupart des barons, mais saint Louis, sans se dissimuler les hasards de l'entreprise, n'en résolut pas moins de la pousser jusqu'au bout avec ce qui lui restait de fidèles compagnons. Le comte de Poitiers, au contraire, dégagea de leur parole les chevaliers qui lui avaient promis leurs services pour la campagne, et s'embarqua au mois d'août 1250 pour rentrer en France.

Rentré en France, la réception des hommages de plusieurs de ses vassaux du Languedoc, une entrevue à Lyon avec le pape Innocent IV, un voyage en Angleterre pour engager le roi à prendre la croix et pour éloigner ainsi de la France le danger d'une invasion anglaise, enfin les soins de l'administra-

---

(1) *Lecointre-Dupont.* — Notice sur Philippe, trésorier de Saint-Hilaire, chapelain et intendant d'Alphonse, comte de Poitiers, (Bulletins de la Société des Antiquaires de l'Ouest, années 1841-1843, page 409).

tion de ses provinces et du gouvernement du royaume l'occupèrent tout entier. Une paix profonde régnait en Poitou où la féodalité était obligée de courber la tête sous l'ascendant d'une autorité que le comte avait su faire respecter. Du côté de l'extérieur, aucun danger ne paraissait plus à craindre et le roi d'Angleterre avait même renoncé définitivement en 1259, à ses prétentions sur le Poitou et sur la Saintonge jusqu'à la Charente, la partie de cette province située au-delà de cette limite devant lui faire retour à la mort du comte de Poitiers. Aussi, dans la période de 1254 à 1270, le comte ne parut-il en Poitou que deux ou trois fois. Une de ses résidences les plus habituelles était l'hôtel de Poitiers qu'il avait fait bâtir près du Louvre afin de pouvoir jouir plus souvent de la présence de son frère dans lequel il avait le bonheur de trouver à la fois l'ami le plus cher et le souverain le plus accompli.

« Mais quoique gouvernant de loin, dit l'auteur du Mémoire, Alphonse n'en avait pas moins l'œil aussi clairvoyant que s'il eût siégé au palais des vieux comtes de Poitiers. Il entretenait avec ses sénéchaux, châtelains, receveurs et agents quelconques, avec plusieurs seigneurs, ses vassaux, et avec les maires des principales villes, une correspondance active et détaillée qui le mettait au courant des moindres affaires. L'étude de ces pièces intéressantes donne l'idée la plus favorable de son caractère. Toutes les qualités d'un grand prince se rencontrent en lui et pourtant l'histoire lui a fait une bien petite place. La grandeur de son frère l'a trop laissé dans l'ombre. Après cela, on peut l'affirmer sans crainte : le Poitou traversa sous son règne une période de bonheur et de prospérité inconnue jusqu'alors. »

« Quatre fois l'année, à la Chandeleur, à l'Ascension, à l'Assomption et à la Toussaint, les officiers du comte Alphonse venaient rendre leurs comptes dans la résidence où il se tenait alors. Là, il tenait son parlement composé de clercs et de chevaliers, écoutait les requêtes, prenait connaissance des enquêtes, rendait ses arrêts et donnait ses instructions. En outre, pour que rien ne pût lui échapper, il institua dès l'année 1252, à l'exemple du roi, mais d'une manière permanente, des commissaires enquêteurs qui, parcourant ses provinces, ouvraient des informations, réformaient des abus et publiaient des règlements, sauf ratification ultérieure. »

Le comte de Poitiers rendit en 1254 une ordonnance calquée sur celle que saint Louis publia à la même époque et dans laquelle on voit appliquer les principes les plus élevés sur la liberté individuelle, l'administration de la justice et l'assiette de l'impôt. L'auteur remarque que cette ordonnance offre quelques différences avec celle de saint Louis. « Ainsi, la disposition de l'ordonnance d'Alphonse qui interdit aux sénéchaux d'emprisonner les personnes qui offrent caution, à moins de l'évidence du crime, détermine les cas d'une manière plus claire dans celle de saint Louis. Quoiqu'il en soit, la même idée, le même amour du bien public n'en présidèrent pas moins à la confection des deux actes législatifs. »

Une nouvelle croisade ayant été résolue en 1268, Alphonse dut réclamer de ses sujets les subsides qu'ils lui devaient pour les frais de cette expédition, mais au lieu de les percevoir sous forme de fouage, comme la coutume l'y autorisait, à l'exemple de saint Louis, il préféra « solliciter des communes l'octroi volontaire de l'impôt sous forme de don gratuit, leur laissant la faculté d'en fixer la quotité et d'en opérer elles-mêmes le recouvrement. Poitiers, Niort, Fontenay et les autres villes de la province votèrent sans difficultés des aides suffisantes dont le produit fut versé par le sénéchal au trésor du comte, à la Toussaint 1269 ; mais Alphonse se montra moins satisfait de la ville de Saint-Jean-d'Angély qui ne lui offrit que mille livres, quoiqu'elle ne lui eût payé aucune taille ni aucune aide depuis seize ans. Il écrivit à ce sujet au sénéchal de Saintonge pour l'inviter à transmettre son mécontentement aux bourgeois et à réserver tous ses droits contre eux s'ils ne faisaient pas une offre plus convenable (Mercredi après Pâques, 1268.) (1).

---

(1) La demande du subside de la Terre-Sainte ayant été faite par le sénéchal aux Maires de Poitiers, Niort et autres villes de la sénéchaussée, à la Saint-Denis 1268, c'est-à-dire en octobre 1268, il est évident que l'ordre envoyé par le comte au sénéchal de sommer les bourgeois de Saint-Jean-d'Angély d'offrir un subside plus considérable, ne peut être daté du mercredi après Pâques 1268, et que c'est 1269 qu'il faut lire.

La noblesse qui n'était pas exempte de payer ce subside, ayant accueilli la demande du comte par une réponse évasive, dut y être contrainte par un ordre exprès du sénéchal. Quant aux roturiers et aux hommes sujets au cens, ils furent obligés de verser un double cens. A Niort, la perception de ce double cens ayant donné lieu à quelques abus, il s'ensuivit une sorte d'insurrection contre les collecteurs qui furent révoqués par le comte « qui ordonna de rendre justice sans délai et sans faute à ceux qui avaient été l'objet de vexations. »

Avant de s'embarquer pour cette expédition d'où il ne devait pas revenir, « le comte Alphonse voulut parcourir une dernière fois son apanage, tant pour réchauffer le zèle en faveur de la croisade que pour pourvoir au bonheur et à la tranquillité de ses sujets. Au mois de mars 1270, il était à Niort, d'où il datait un acte par lequel il assurait aux bourgeois de Poitiers que le subside de la Terre-Sainte accordé par eux récemment ne porterait aucune atteinte à leurs priviléges. Quelques jours après, il se rendit à La Rochelle, accompagné de son épouse, la comtesse Jeanne. Ils signalèrent leur présence dans cette ville par de nombreux affranchissements de serfs de leurs domaines dont ils convertirent la servitude en un cens annuel. Alphonse, en agissant ainsi, se conformait à cette belle maxime qu'il avait adoptée comme règle de conduite : « *Les hommes naissent libres, il est juste et sage de faire retourner les choses à leur origine.* » Dans son testament rédigé à Aigues-Mortes, au mois de juin suivant, il affranchit définitivement tous ses serfs et leurs enfants.

Les malheurs de cette fatale expédition d'Afrique sont présents à toutes les mémoires. Après avoir assisté à la mort héroïque de saint Louis, Alphonse se rembarqua avec son neveu, Philippe-le-Hardi et les débris de notre armée. La mort le frappa avant qu'il eût atteint les frontières de la France, dans une petite ville d'Italie et son épouse qui ne l'avait pas abandonné ne lui survécut que quelques jours. Comme ils ne laissaient pas d'héritiers, le Poitou et la Saintonge, l'Auvergne et le comté de Toulouse furent alors réunis à la couronne.

La commission appréciant l'intérêt de cet ouvrage, propose à la Société de décerner à l'auteur la seconde récompense.

Le Mémoire inscrit sous le numéro 1 porte pour épigraphe :

« Améliorez la demeure du pauvre et de l'ouvrier ;
« versez lui l'air, le soleil et l'eau ; restreignez le méphi-
« tisme envahissant les accumulations humaines et le
« mortel tribut que prélèvent annuellement les cachexies
« populaires, filles de la misère et de l'insalubrité. »
Hygiène de Michel Lévy, 2e vol., page 570.

Ce Mémoire a pour titre : *Hygiène. — Quelques considérations sur l'hygiène en général. — Essai sur l'hygiène de Niort. — Du lymphatisme dans cette ville.*

Un tel sujet est de ceux dont personne ne saurait contester l'opportunité. S'il est possible, en effet, de se rendre compte scientifiquement des causes qui agissent sur la santé, la pratique, il faut l'avouer, est restée fort en arrière de la théorie et, à considérer l'homme au point de vue physique, on est tenté de penser avec Rousseau que la civilisation en perfectionnant l'esprit, a trop souvent sacrifié le corps. Rien donc n'est plus utile que de répandre les notions d'hygiène et de faire connaître les moyens qui peuvent combattre les influences pernicieuses nées de la nature des lieux ou des nécessités sociales.

La topographie médicale de la ville de Niort a été l'objet d'études diverses. On trouve à ce sujet des notes précieuses dans les deux *Mémoires sur la statistique du département des Deux-Sèvres*, par M. Dupin, préfet, publiés en l'an IX et en l'an X (1). Le docteur J. L. M. Guillemeau, traducteur du livre d'Hippocrate intitulé : *De l'air, de l'eau et des lieux*, a plus d'une fois abordé la même question (2) qui a été traitée

---

(1) Pages 10 et 42 ; II, p. 132, 133, 134.

(2) Coup-d'œil historique, topographique et médical sur la ville de Niort et ses environs.— Niort, C. Dugrit, 1795, in-12.

Mémoires sur les maladies chroniques les plus communes dans le département des Deux-Sèvres, d'après la température, les localités. (Lu à l'Athénée de Niort).

Essai sur les dyssenteries, etc. (publié en 1838), p. 5 à 9.

Constitutions médicales observées à Niort (an IX-1807).

par le docteur Barbette, dans un Mémoire spécial lu à la Société de Médecine de Niort et publié en partie dans l'*Annuaire statistique et historique du département*. La Société de Statistique des Deux-Sèvres a publié dans le tome XVIII de ses Mémoires un Rapport remarquable de M. Aug. Tonnet sur les logements insalubres. Enfin, dans ces dernières années, un chirurgien aide-major dans le régiment de cavalerie en garnison à Niort, M. Moulier, a étudié ce sujet intéressant dans un Rapport adressé au ministre de la guerre et imprimé par ses ordres.

Pour apprécier le nouveau Mémoire sur l'hygiène de Niort, en le comparant aux travaux entrepris sur le même sujet, des connaissances spéciales étaient nécessaires, et le rapporteur de la commission qui reconnaît son incompétence en pareille matière, a dû pour l'apprécier, s'en référer aux lumières de ses collègues. Nous essaierons néanmoins d'en donner une analyse aussi exacte qu'il nous sera possible.

Ce Mémoire, comme l'indique son titre, est divisé en trois parties. Dans la première, l'auteur se borne à présenter quelques considérations générales qui servent d'introduction au sujet spécial qu'il s'est proposé de développer. Il observe avec raison que, sous le rapport de l'hygiène, nous sommes loin d'égaler les anciens. « Nous en trouvons, dit-il, un exemple
« frappant dans la Turquie : il y a 3600 ans, Moïse y fit briller
« l'hygiène du plus vif éclat ; aujourd'hui le gouvernement
« turc montre sur ce point une incroyable incurie ; le voyageur
« émerveillé à l'aspect extérieur de Constantinople est saisi de
« dégoût lorsqu'il a pénétré dans cette ville où il rencontre des
« rues sales, étroites, regorgeant d'immondices qui répandent
« le méphitisme partout. » Cette pensée très-juste au fond est-elle acceptable sous cette forme? Sans doute l'on peut opposer avec avantage l'état florissant de la Palestine au temps des Hébreux, à l'état actuel de cette contrée à laquelle le gouvernement turc serait certainement impuissant à rendre son ancienne splendeur, mais les noms de Moïse et de Constantinople semblent peu faits pour être rapprochés. Au sujet de Moïse, il est d'ailleurs échappé à l'auteur une erreur de détail que je me permettrai

de signaler sans m'exagérer son importance. Il est bien vrai que ce grand législateur a interdit les mariages entre frère et sœur, autorisés par les coutumes de la plupart des peuples de l'Orient et même par les lois d'Athènes, mais il ne faut pas croire qu'il ait interdit à ses compatriotes les *mariages entre consanguins;* et si lui-même a épousé une femme qui n'appartenait pas aux tribus d'Israël, ce fait est entièrement étranger à la question que plusieurs savants ont agitée dans ces derniers temps.

La seconde partie de ce Mémoire intitulée : *Essai sur l'hygiène de Niort,* forme en réalité le corps de l'ouvrage. L'exposition de la ville, la composition du sol, la température et la météorologie, enfin la topographie étudiées au point de vue médical sont l'objet d'un premier chapitre. L'auteur combat d'abord l'opinion du docteur Guillemeau qui a considéré Niort comme ayant son exposition au levant (1) et soutient au contraire que cette ville n'est à découvert qu'à l'ouest. « Les vents de cette
« partie, dit-il, sont ceux qui y soufflent le plus habituellement,
« amenant avec eux les miasmes et l'humidité, etc. Par ces
« motifs, ajoute-t-il, il nous semble démontré que Niort se
« trouve au point de vue hygiénique dans une situation moins
« favorable que ne le prétend l'honorable docteur que nous
« avons cité. »

Sans prendre parti dans cette question, il est peut-être permis de faire remarquer qu'un arrêt aussi absolu pourrait être taxé de quelque sévérité. En ce qui concerne les vents dominants, il résulterait en effet d'observations météorologiques faites de 180 à 1842 par le docteur cité ci-dessus (2), que les vents qui en moyenne ont dominé à Niort ne sont pas ceux d'ouest. L'auteur, d'ailleurs, reconnaît lui-même un peu plus loin que la colline de Saint-André reçoit directement les rayons du soleil levant et les vents de l'est; en revanche, il incline à

---

(1) *Guillemeau* — Essai analytique sur les dyssenteries. — Niort, Morisset, 1838; in-8°, p. 6, 7, 8.

(?) *Guillemeau.* — Météorologie élémentaire. — Paris, F. Malteste, 1845, in-8°, p. 67.

penser que le quartier de Notre-Dame se trouve dans des conditions plus favorables au point de vue de l'aération, en raison des rues plus larges et mieux alignées qui le traversent. Au point de vue de l'humidité, au contraire, le même quartier est noté comme moins bien partagé, et la cause de cette humidité est attribuée à des infiltrations d'eaux pluviales qui se produiraient dans le sol formé de terrains calcaires et argileux.

La bonne qualité des eaux du Vivier, si abondamment distribuées dans tous les quartiers de Niort dont elles sont une des premières richesses, a été depuis bien des siècles appréciée des habitants et l'analyse chimique a constaté scientifiquement qu'elles renfermaient en proportion convenable tous les éléments d'une bonne eau potable, à l'exception de l'iode. Cependant il existe, dit-on, contre ces eaux un préjugé qui leur attribue une certaine dureté, d'où résultent une cuisson imparfaite des légumes secs et la dissolution incomplète du savon. Cette opinion est partagée par l'auteur qui pense que ces eaux sont chargées d'un excès de sels calcaires dont la présence lui paraît résulter de ce fait généralement admis, à savoir que la source du Vivier est alimentée par un embranchement souterrain du Lambon; or, dit-il, « cet embranchement passant entre le *lias supérieur argileux* et l'*oolithe inférieure calcaire*, » il en résulte que la colonne d'eau coule sur le calcaire, et nous pouvons appliquer ici l'aphorisme de Pline : « *Quales sunt aquæ, talis terra per quam fluunt.* » Un des membres de la Commission a fait observer à ce sujet que l'opinion des géologues est en contradiction avec cette théorie, attendu que le canal souterrain dont il s'agit, coule non pas sur le calcaire, mais sur l'argile, et que le calcaire se trouve au-dessus. En résumé l'auteur reconnaît que l'eau du Vivier laisse peu de chose à désirer et que si son usage exclusif n'est pas sans inconvénient, on ne doit la placer qu'en troisième ou quatrième ligne parmi les causes qui peuvent nuire à la vigueur du tempérament des habitants. Il propose d'ailleurs un correctif assez simple qui pourrait rendre cette eau plus hygiénique : il s'agirait d'établir un grand filtre à peu de distance de la machine à vapeur destinée à élever l'eau.

Relativement aux habitations, une des premières causes d'insalubrité, c'est l'humidité. Il est sans doute impossible d'y remédier radicalement, puisque c'est une conséquence de la nature du sol, toutefois l'auteur pense que si l'on avait soin de ne faire usage dans les constructions que de pierres de moëllons d'une certaine épaisseur et bien séchées au soleil avant d'être employées et de couvrir l'aire des maisons d'une couche imperméable, on verrait moins souvent les murs nouvellement bâtis se couvrir de salpêtre et de moisissures. Il est à souhaiter que ces conseils soient entendus et que l'aisance et le bon goût, en pénétrant dans toutes les classes de la société, amènent les habitants à remplacer progressivement des masures mal aérées et confusément entassées les unes sur les autres par des demeures saines et élégantes, dans lesquelles l'air et la lumière puissent librement pénétrer. L'autorité municipale et les commissions de salubrité peuvent sans doute beaucoup pour hâter une transformation si désirable, mais il ne faut pas oublier que c'est avant tout de l'initiative individuelle qu'il faut l'attendre.

La question du cimetière est étudiée avec l'attention qu'elle mérite; l'emplacement choisi pour le nouveau cimetière est l'objet de quelques critiques fondées sur la nature du sol qui ne renfermerait pas une couche végétale assez profonde. En résumé, l'auteur constate que, pour ce qui concerne l'hygiène publique, « tout est pratiqué avec un zèle, une sollicitude
« qui fait le plus grand honneur à l'administration et que ce
« zèle redouble dès qu'il est question d'affections épidé-
« miques. »

En dépit de l'opinion généralement répandue à Niort que *les épidémies ne prennent pas dans la ville*, la contagion y a plus d'une fois exercé ses ravages. « Nous serions heureux, dit l'au-
« teur, de pouvoir donner quelques détails sur les épidémies
« des siècles passés, mais rien de précis ne nous a été transmis
« à cet égard. M. Briquet, dans son *Histoire de Niort*, est muet
« sur ce point. » Cette lacune de l'histoire de M. Briquet, qui n'est pas la seule que l'on rencontre dans ce livre, peut être comblée. Les registres des délibérations du corps de ville de

Niort renferment en effet sur ce sujet des détails très-précieux (1).

Il n'est pas sans intérêt, à différents points de vue, de se rendre compte des variations du mouvement de la population à Niort depuis deux siècles et l'on possède à cet égard des renseignements assez curieux. Ainsi Augier de la Terraudière, dans la préface du *Thrésor des Titres de la ville de Nyort,* imprimé en 1675, nous apprend qu'à cette époque il y avait dans la paroisse Notre-Dame plus de 7,000 communiants et plus de 4 à 5,000 dans celle de Saint-André, sans compter un très-grand nombre de religionnaires. « Cependant, ajoute-t-il, il n'y « a pas 3,000 feux dans la ville. » L'état de l'élection de Niort en 1716 nous montre la population réduite à 2,200 feux et à environ 13,000 habitants, soit 6 habitants par feu. Le même document contient cette mention précieuse que trente ans auparavant, c'est-à-dire en 1686, la population était de 800 feux plus considérable. Ce renseignement qui coïncide avec celui que nous puisons dans la Terraudière, nous amène à conclure qu'en 1686 la population était d'environ 18,000 habitants, si l'on prend pour base le même chiffre de 6 personnes par feu. La différence entre le chiffre de la population à cette dernière époque et celui de 1716 est frappante. On a attribué cette diminution énorme à la révocation de l'édit de Nantes, et c'est ce que paraît confirmer la comparaison des tableaux de la population de l'élection de Niort (2). Il est encore à noter que de

---

(1) 5 septembre 1455. Demande de modération de la taille des gens de guerre, sur ce que la ville est affligée d'une épidémie.

14 mars 1603. Peste et contagion. — Les chirurgiens se sauvent, on prend pour médecins de l'épidémie des compagnons barbiers qui recevront par mois 30 fr. de gages et à la fin de la contagion seront reçus maîtres sans examen ; mais après le danger, la communauté des chirurgiens s'oppose à la violation de ses priviléges.

1605. Peste à Parthenay et aux environs de Niort : des gardes sont mis aux portes de la ville.

1638. Peste à Poitiers et à Niort.

(2) Dénombrement de l'élection de Niort.

1686.	(150 paroisses)	17,794 feux.
1698.	—	13,758 —
1716.	—	14,374 —
1735.	—	14,930 —
1770.	—	16,639 —

1716 à la révolution, la population de la ville est restée à peu près stationnaire d'après M. Dupin, qui l'évalue en 1789 à 11,000, non compris les faubourgs contenant environ 2,000 habitants. En l'an X (1802), elle s'était élevée à environ 16,000 (1). Cette augmentation rapide paraît également significative. De 1802 à 1837, la population n'a augmenté que de 932 habitants, tandis que dans la période suivante qui s'étend jusqu'au recensement de 1861, l'augmentation a été de plus de 3,600 (population totale de la ville 20,831, population municipale 19,033). Le recensement 1866 accuse au contraire une légère diminution de 56 habitants sur la population municipale et de 245 sur la population totale de la ville.

Cette question de la population a été traitée avec développement par l'auteur du *Mémoire sur l'hygiène de Niort*, et si moi-même je viens d'insister sur ce point, c'est que j'ai cru qu'il ne serait pas sans intérêt de compléter les renseignements statistiques énoncés dans son travail.

La troisième partie du Mémoire, intitulée *Du Lymphatisme à Niort*, n'est en réalité qu'un corollaire du sujet principal. Il est généralement admis que les tempéraments lymphatiques sont plus communs à Niort que dans d'autres villes voisines, et les causes en sont attribuées à la nature des lieux, des eaux et de l'air, suivant le principe hippocratique. Elle se trouverait aussi, dit l'auteur après un hygiéniste moderne, « dans la société elle-« même, dans la solidarité ascendante de la corruption. »

Dans son second *Mémoire sur la Statistique du département des Deux-Sèvres*, M. Dupin a placé des notes curieuses sur les maladies et les infirmités les plus communes à Niort. En comparant cette description avec l'état actuel, on peut constater que si du côté de la santé générale et du tempérament moyen des habitants, il reste peut-être quelque chose à désirer, les progrès accomplis sont pleins d'encouragements pour l'avenir.

« L'espèce humaine, écrivait M. Dupin en 1802, paraît s'être améliorée sensiblement dans cette ville depuis trente ans. Il n'y a pas actuellement le quart des boiteux qui y existaient alors.

---

(1) Dupin. — Second Mémoire sur la statistique, etc., p. 185.

Le docteur Brisson se rappelle en avoir vu jusqu'à onze dans une rue où il n'y avait que quatorze feux. La gibbosité provenant non pas de la distorsion de l'épine du dos, mais de l'inégale élévation des omoplates, était presque générale, surtout chez les femmes. Un fait digne d'attention, c'est que la dentition est plus tardive à Niort que partout ailleurs. En général, la dentition commence à huit mois et l'enfant a douze dents à un an, tandis qu'à Niort, il est rare qu'un enfant ait aucune dent avant dix mois, et souvent à un an, même à quinze mois, il n'en a encore aucune. On remarque aussi que les habitants de cette ville sont totalement dépourvus de gras de jambe.

« La Société libre des Sciences et Arts a chargé sa section des « sciences physiques de rechercher la cause de ces singula- « rités. »

Le Mémoire sur l'hygiène de Niort dont nous venons de donner l'analyse répond précisément à cette question que l'auteur paraît avoir étudiée avec une compétence incontestable. La Commission plaçant ce mémoire sur la même ligne que l'histoire d'Alphonse de Poitiers propose à la Société de décerner également à l'auteur une médaille d'argent.

Le mémoire inscrit sous le numéro 4, intitulé : *Illustrations du département de la Vendée, porte pour épigraphe :*

« Leurs seules actions les peuvent louer : Toute autre louange languit auprès des grands noms. »
(Bossuet.)

Ce Mémoire est le plus étendu et de beaucoup le plus important de tous ceux qui ont été présentés au concours. Ce n'est pas qu'il se distingue par ce genre de mérite que les érudits prisent avant tout, par la saveur d'un fruit nouveau cueilli dans une terre inconnue. L'auteur s'est moins proposé de satisfaire la curiosité des savants que de faire une œuvre utile et populaire en consacrant un livre éloquent à la mémoire de quelques-uns des grands hommes de la Vendée. C'est ce qu'il a pris la peine de nous expliquer dans une préface qui n'est peut-être pas exempte d'une certaine emphase oratoire, mais où l'on sent le souffle d'une âme ardente et généreuse. Nous sommes loin cependant de prendre à la lettre la déclaration placée en tête de cette préface et de croire que l'auteur a attendu « l'âge où tant d'autres cessent de le faire pour commencer à écrire. » Il est impossible, en effet, de ne pas reconnaître dans ce travail une main exercée et un talent mûri. C'est cette qualité qu'on trouve si rarement dans les travaux présentés aux sociétés savantes des départements, c'est la perfection de la forme et le talent de la mise en œuvre des matériaux historiques qui recommandent principalement ce Mémoire. Il serait difficile de présenter ici le résumé d'un travail aussi étendu et une sèche analyse ne saurait donner une idée exacte de son mérite littéraire. Appliquant à l'auteur lui-même l'épigraphe qu'il a choisie, nous osons affirmer que la lecture de son travail le louera mieux que nous ne saurions le faire.

Les *Illustrations de la Vendée* se composent d'une dizaine de biographies d'un mérite inégal formant autant de morceaux séparés et entre lesquelles la Société se réserve de faire un choix. Les gloires Fontenaisiennes de la fin du xvi° siècle sont d'abord représentées dans cette galerie par le président Brisson, et par les poètes André de Rivaudeau et Nicolas Rapin, vice-sénéchal de Fontenay. A ce groupe célèbre est joint l'historien La Popelinière, qui appartient également à la Vendée par sa naissance et qui a vécu à la même époque. Grâce au tour original qu'il sait donner à sa pensée et à des développements heureux, l'auteur a su répandre l'intérêt sur des sujets qui n'ont plus pour le lecteur l'attrait de la nouveauté. Il est pourtant certaines digressions, qui, bien qu'écrites avec chaleur, ont le tort de ressembler parfois à des lieux communs; telles sont, par exemple, les quatre pages consacrées à Ronsard et à ses innovations. On nous permettra de glisser ici une simple remarque à propos de la tragédie d'*Aman*, par André de Rivaudeau : l'auteur s'est demandé avec M. Mourain de Sourdeval si, entre l'œuvre de Rivaudeau et l'*Esther* de Racine, il n'est pas possible de saisir quelques rapports tendant à prouver que Racine a eu connaissance de cet essai dramatique qui, bien qu'imparfait, a eu le mérite d'aider à frayer la voie, et sa conclusion a été entièrement négative. Sans vouloir s'inscrire en faux contre cette conclusion, il n'est peut-être pas hors de propos de signaler une dissertation publiée dans les *Mémoires de l'Académie du Gard* (novembre 1865-août 1866), dans laquelle M. Ch. Liotard a soutenu la thèse contraire en faisant le rapprochement des deux pièces, scène par scène. Une des remarques les plus curieuses auxquelles donne lieu cette comparaison, c'est que les chœurs dont l'introduction au théâtre français est regardée comme une des innovations les plus heureuses de l'auteur d'Esther, se retrouvent précisément dans la tragédie d'Aman. On conviendra que cette rencontre de Racine avec André de Rivaudeau dans l'application de la même idée à un sujet identique, est au moins assez piquante et peut même passer pour n'avoir pas été entièrement fortuite. La muse de Racine est assez riche pour avouer un emprunt fait à la muse infiniment plus modeste du poète Fontenaisien.

Reveillère-Lépeaux, Gaudin et le lieutenant-général Belliard forment trois biographies parallèles. Les deux premiers firent partie de nos assemblées durant la révolution, mais si le même sentiment patriotique les unit, ils ne se ressemblent guère comme on sait, par la trempe du caractère et par la ligne politique qu'ils ont suivie. Reveillère-Lépeaux qu'on a voulu ridiculiser en l'affublant du titre de pontife des théophilanthropes, est représenté par l'auteur comme un philosophe n'obéissant qu'aux principes absolus d'un austère stoïcisme, comme un homme antique dont l'abnégation et la constance doivent faire pardonner les erreurs. Gaudin s'est illustré par le courage avec lequel il osa, en face de la Convention, plaider la cause de Louis XVI et par la valeur militaire dont il fit preuve en défendant la ville des Sables contre les Vendéens. Après avoir si dignement payé dans ces deux circonstances solennelles, sa dette à la patrie et à l'humanité, Gaudin qui se retira de bonne heure de la scène politique, ne nous apparaît guère que sous les traits d'un épicurien aimable et spirituel, employant ses loisirs à rimer agréablement des contes badins, voire à improviser des opérettes bouffonnes, et bornant son ambition à faire les délices de la petite société sablaise en mêlant un peu de poésie à ses plaisirs et à ses réunions.

La biographie du général Belliard offre au contraire les traits les plus brillants. Né à Fontenay en 1769, il s'engage à vingt ans pour voler à la défense de la patrie et prend une part glorieuse à nos plus belles campagnes, Valmy et Jemmapes, la conquête de la Belgique, la campagne d'Italie, la campagne d'Égypte, Austerlitz, la guerre d'Espagne, la campagne de Russie, Leipsick et la campagne de France. Rentré dans les fonctions civiles sous la Restauration et sans avoir failli à la fidélité qu'il devait à l'empereur, Belliard ne s'est pas moins distingué comme diplomate sous le gouvernement de juillet, et les Belges ne sauraient oublier que c'est grâce à l'énergie dont il fit preuve, qu'ils sont parvenus à assurer leur autonomie et leur indépendance.

Les pères Bonaventure Giraudeau, jésuite, et Baudouin, fondateur des Ursulines de Jésus, forment un groupe à part dans cette galerie des *Illustrations de la Vendée*. En retraçant les vertus de ces hommes évangéliques qui, pour avoir consacré leur vie à la religion n'en ont pas moins été des citoyens utiles à la société, l'auteur a fait preuve d'impartialité et de finesse. La biographie du père Giraudeau qui est moins connu nous a surtout paru remarquable.

Sous le titre un peu bizarre d'*Académie ambulante de Noirmoutiers*, une notice assez étendue a été consacrée à Richer, l'auteur de la *Nouvelle Jérusalem* et à ses amis Piet et Impost. On ne saurait nier que Richer ne soit un personnage intéressant et le succès qu'a eu l'ouvrage singulier que nous venons de nommer en est la preuve. Peut-être cependant pourrait-on reprocher à l'auteur d'avoir mis trop de complaisance dans l'analyse des impressions incessamment mobiles du poète et du malade; il s'y mêle en effet certaines questions de physiologie qui dépassent peut-être les limites d'une étude littéraire.

Pour suppléer à l'insuffisance de cette analyse, le Rapporteur de la Commission est heureux de céder la parole à l'auteur même du Mémoire en reproduisant ici un fragment de son introduction:

« Commencer à écrire à l'âge où tant d'autres cessent de le
« faire, serait une insigne témérité, si j'avais l'ambition de
« composer une œuvre purement littéraire. Je me propose
« tout autre chose. Je prends la plume bien moins pour créer
« que pour reproduire, bien moins pour faire un livre qu'un
« acte. Je voudrais m'opposer aux ravages du temps, et, quand
« il emporte tout sur son aile, qu'il respectât au moins la mé-
« moire de nos morts illustres. Si c'est une loi immuable de la
« nature que tout ce qui est matière périsse et se transforme sur
« la terre, ne pourrions-nous pas, pour le transmettre à nos
« enfants de générations en générations, conserver le culte
« du souvenir? Ne serait-ce pas un devoir de leur rappeler
« ceux de nos pères que les lettres, les sciences, la défense de
« la patrie, des actions d'éclat ou de grandes fondations, re-
« commandaient à la postérité? Pourquoi chaque département
« n'aurait-il pas son Panthéon? Pourquoi, nous en particulier,
« n'aurions-nous pas une pierre pour y graver cette inscription :
« À ses grands hommes, la Vendée reconnaissante? »

. . . .

« Ceux-là ne méritent pas d'être lus, qui, faisant de leur
« plume l'instrument des partis, versent à flots la louange sur
« la tête de leurs amis, l'injure sur celle de leurs ennemis. Il
« en est de même des esprits timorés, dont les ménagements
« excessifs tournent l'obstacle pour ne pas s'y heurter et pré-
« tendent à contenter tout le monde. La vérité a d'autres allures.
« Elle n'admet ni les admirations de commande, ni les déni-
« grements systématiques, ni les banalités de l'éloge et de l'ex-
« cuse, elle veut que libre de tout engagement, de tout parti,
« de toute coterie, l'historien étudie froidement les événements
« et les hommes et les juge sans passion comme sans fai-
« blesse. Eh bien ! je me sens assez dégagé des entraves que je
« viens de signaler, pour n'être pas retenu par elles. »

La Commission ne saurait douter qu'après avoir entendu ces
paroles éloquentes, le public qui lira cet excellent Mémoire ne
ratifie d'avance son jugement et c'est à l'unanimité qu'elle propose à la Société de décerner à l'auteur des *Illustrations de la
Vendée* la première de ses récompenses.

www.ingramcontent.com/pod-product-compliance
Lightning Source LLC
Chambersburg PA
CBHW060710050426
42451CB00010B/1369